UN

DINER POLITIQUE

EN 1875

CHARTRES

IMPRIMERIE ÉDOUARD GARNIER

Rue du Grand-Cerf, n° 11.

—

M DCCC LXXVI.

UN DINER POLITIQUE

EN 1875.

UN

DINER POLITIQUE

EN 1875

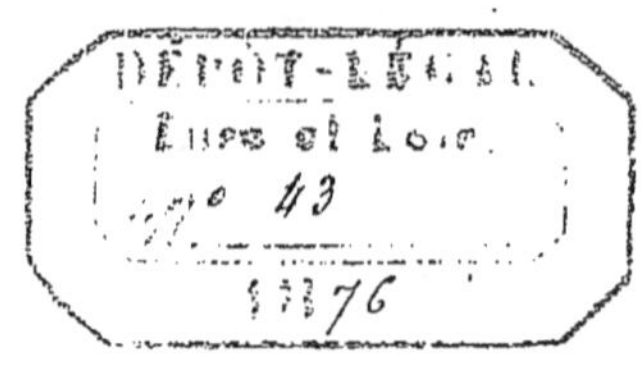

CHARTRES

IMPRIMERIE EDOUARD GARNIER

Rue du Grand-Cerf, n° 11.

—

M DCCC LXXVI.

UN DINER POLITIQUE

EN 1875.

Mon cher Ami,

Je vous ai promis, lors de mon départ, de vous mander de Paris ce qui me paraîtrait avoir quelque intérêt ; je viens remplir ma promesse.

Mon père, vous le savez, a été membre des Assemblées nationales de 1848 à 1851 ; il m'avait recommandé à un de ses anciens collègues. J'ai trouvé ici une cordiale hospitalité, un guide éclairé et sûr. Par goût, autant que par entraînement des circonstances, j'ai tourné vers la politique mes premiers regards. C'est le récit d'un dîner politique que je vous envoie.

Un Duc légitimiste, un ancien Ministre de l'Empereur, un Parlementaire, un Démocrate, tous de marque, notre hôte et moi, voilà les convives; en tout six, plus que les Grâces, moins que les Muses, suivant le précepte.

Quels étaient ces personnages?

Quels discours ont-ils tenus?

C'est ce que ma lettre vous dira.

Les premiers instants d'un repas sont éminemment propices à l'observateur : chaque convive, occupé du soin de réparer ses forces, obéit aux lois impérieuses de la nature ; il en résulte un moment de silence et d'abandon pendant lequel personne ne pense au rôle qu'il veut jouer. Ce moment dure d'autant plus longtemps que le repas s'est fait plus longtemps attendre, et, dans la circonstance, le repas s'était fait attendre longtemps. Le démocrate n'était arrivé que tard, à cause, disait-il, d'une manifestation qu'il préparait pour le lendemain. J'eus donc tout le loisir d'examiner tour à tour chacun de ceux qui étaient assis à la même table que moi.

Le dernier venu, le Démocrate, semblait jeune encore et cependant plus vieux que son âge. Il était assez fort pour paraître petit, quoiqu'il fût de taille moyenne. Dans la position où je le voyais, son ventre proéminent tombait sur ses jambes et les

couvrait; son col court, ses épaules rondes et char-
nues, faisaient remonter son habit en mille plis
sur son dos à chaque mouvement; les membres
avaient pris le même développement que le tronc;
ses mains grasses, courtes, potelées, affichaient
une prétention au soin que d'autres détails de toi-
lette venaient démentir. Sous sa barbe, qu'il portait entière, on devinait un menton pesant; le nez
dépassait les proportions ordinaires, le regard étonnait : l'un des yeux, qu'il avait grands, était vif et
animé, et l'autre sans expression. Un teint révélant
les excès, une voix forte et rauque, une sorte de
recherche de vulgarité, complétaient l'ensemble;
mais il était relevé par un large front, par des cheveux bien plantés, qui, quoique courts, frisaient
naturellement, par la finesse de la bouche qui don-
nait beaucoup à penser. Sur cette face on ne trou-
vait pas la beauté, mais l'intelligence et, malgré
une rudesse plutôt affectée que naturelle, plutôt
apparente que réelle, la ruse aussi.

L'ancien Ministre de l'Empereur siégeait en face
du Démocrate. Ce personnage avait franchi depuis
plusieurs années le milieu de la vie. Sa taille dépassait la moyenne; malgré une obésité d'une mau-
vaise nature, il semblait avoir retenu de l'exercice
de fonctions antérieures l'habitude de la représen-

tation. Il se tenait droit, la tête renversée; sa dé-
marche n'avait rien d'élastique; son corps, mou
et comme sans os, faisait, à chaque pas, fléchir
ses jambes, quoiqu'elles eussent les apparences de
la force. Il ramenait sur son front dénudé les rares
cheveux qu'il allait chercher à la base même de la
nuque; il les maintenait d'un geste habituel au
sommet de son front. Quelques rebelles pendaient
jusqu'au milieu de son dos. Les yeux, très-fendus,
étaient sans regard; le nez long, la bouche rentrée
et astucieuse, les joues pendantes, le teint blême,
lui donnaient l'aspect d'un homme usé; sa voix
était ample, mais sans timbre; quand il parlait, on
eût dit qu'il mangeait encore. Il demanda la per-
mission de se couvrir et coiffa une calotte qui
n'avait rien d'héroïque.

Le Parlementaire était tout différent : c'était un
homme dont il eût été difficile de fixer l'âge, et
qui ne portait pas non plus le sceau d'une grande
race; mais il semblait que la grâce l'eût touché de
son aile magique. De taille ordinaire, sans embonpoint comme sans maigreur; ses mouvements
avaient cette aisance naturelle que l'art cherche
à reproduire et qui naît des justes proportions du
corps. Pâle, mais de cette pâleur qui vient du travail, il paraissait toujours s'écouter lui-même, par

habitude d'une méditation solitaire. On eût dit que
le souvenir de grandes infortunes s'était arrêté sur
son front pour y laisser la trace ineffaçable d'une
douce et sympathique mélancolie. Les détails se
noyaient dans une expression dominante si générale
que l'analyse exacte des traits n'eût donné aucune
ressemblance avec le modèle. Sa voix, bien tim-
brée, avait cette clarté qui pénètre, don naturel de
l'orateur; sa parole nette semblait le reflet d'une
pensée précise ou d'une conviction profonde, et
l'argumentation se pressait avec une telle force
quand il discutait, que l'on s'étonnait de rencontrer
tant de vigueur unie à tant de grâce. Une certaine
paresse d'oreille le rendait toujours attentif et n'en-
levait rien au charme qu'il exerçait autour de lui.

Le Duc légitimiste avait un caractère qui lui
était propre : c'était un homme dont la force rap-
pelait celle des grandes races; son développement
naturel n'avait rien poussé à l'excès. Des manières
nobles et aisées, une tenue parfaite, à laquelle on
ne pouvait reprocher qu'un peu d'apprêt, en faisait
un de ces types qui ne sauraient passer inaperçus
quelque part qu'ils se rencontrent. La main, les
pieds, étaient petits, la taille bien prise et élégante,
malgré un peu d'embonpoint; les années avaient
passé sur cette tête en n'y laissant que leur trace

la plus légère. Les traits du visage étaient régu-
liers : un front bien conformé, sous une chevelure
aussi noire qu'abondante, de grands yeux clairs
où brillaient la franchise et l'honneur ; le nez, la
bouche, le menton, dans les proportions les plus
heureuses, formaient un ensemble qui frappait. Il
semblait que ce grand seigneur s'était trompé de
siècle, et que, pour paraître avec tous ses avantages, il lui eût fallu les longs cheveux et les bril-
lants costumes du temps de la Fronde.

J'en étais là de mes observations, quand le démocrate, déposant sur son assiette les restes d'un
homard à l'Américaine, prit la parole. Vous m'avez
fait venir, dit-il, en s'adressant à notre hôte, pour
exposer le plan du parti républicain ; je trouve ici
des ennemis, je ne m'en plains pas. Je puis leur
laisser voir mes troupes et mon camp ; ils y trou-
veront la discipline, confirmation de ma force et
de leur faiblesse.

Il fut un temps où la Démocratie n'était pas
même une faction ; j'ai résumé ses aspirations, j'en
ai dégagé la formule pratique ; elle est aujourd'hui
un parti de Gouvernement !

La République comprend tout, répond à tout. Ce
n'est pas une vérité contingente, c'est le dogme.

Plus de Dieu ! Le premier point est de soustraire

l'homme aux superstitions, aux influences cléri-
cales, de lui dire : tu es libre ; donc la règle qui
doit régir tes actes dépend de toi ; il n'y a rien au-
dessus de toi, il n'y a rien après. Tu es maître,
donc tu dois faire toutes choses en vue de ta satisfaction et de tes besoins. La religion, la morale
qu'elle patronne et que les siècles ont léguée à une
génération faible et crédule, sont des chimères. La
valeur du citoyen dépend de ce qu'il a fait pour la
République, c'est-à-dire pour l'émancipation de
l'être humain. Au dernier jour, ses amis, ceux qui
étaient en communion de pensée avec lui, accom-
pagnent ses restes au champ du repos, en profé-
rant ce cri cher à son cœur alors qu'il battait encore, Vive la République ! et tout est dit ; voilà la
religion républicaine.

La morale indépendante est la négation de l'ancien
droit, vieux rempart de toute société vermoulue,
arsenal de prescriptions légales, langes de l'homme
enfant, qui l'enserrent comme ces étreintes bar-
bares qui dépriment la tête des nouveaux-nés chez
les peuplades sauvages de l'Afrique ! A cette légis-
lation surannée, il faut substituer le droit scienti-
fique, qui remet tout à la libre volonté du citoyen,
maître souverain et arbitre irresponsable de ses
actes. Voilà la morale républicaine !

L'art lui-même, expression suprême du génie individuel, doit être transformé par la démocratie; peut-elle s'accommoder, en effet, d'une esthétique de convention, d'un même modèle toujours proposé à l'admiration des générations qui se succèdent et dont l'enthousiasme stupide semble s'accroître en raison de l'archaïsme des œuvres ! Là encore l'homme doit reprendre sa liberté : plus d'idéal collectif et conventionnel, un art absolument individuel et personnel. Voilà l'art républicain !

La démocratie, fidèle à sa doctrine : l'émancipation de l'homme, en poursuit la rigoureuse application dans ses théories économiques. Les nations n'existent plus; c'est un droit pour l'homme, car l'homme est le citoyen de l'Univers, d'acheter dans le monde entier les produits de chaque sol, là où le sol les donne au meilleur marché. C'est le droit le plus sacré, le droit à l'aisance, à la jouissance, sous sa forme la plus pratique, la plus vulgaire, la plus démocratique en un mot. En matière d'impôt, le respect de l'individu inspire encore la démocratie. Elle supprime les taxes de consommation, elle augmente les droits de mutation. Pour elle le citoyen est tout, la famille n'est rien. Quelle sera l'organisation nouvelle de la famille ? la question est à l'étude. Mais ce qui est certain, c'est qu'il faut que le citoyen se dégage des liens de famille, comme il a dû se soustraire à tout sentiment religieux. La richesse est pour la démocratie un fait irrégulier, opposé à l'égalité et contre lequel elle doit tourner tous ses efforts. Elle le combat donc dans son existence actuelle par l'impôt progressif, dans sa transmission par l'élévation des droits de mutation. L'impôt progressif est le pivot même de la démocratie, il est le principe de sa modération d'aujourd'hui ; la démocratie répudie la violence ; la guillotine, la spoliation, elle les réprouve ; l'impôt progressif lui suffit. Elle l'établit d'après les besoins de l'Etat, et, si le capital lui échappe par l'émigration, la terre lui reste. De là une conséquence indirecte, mais conforme à la théorie démocratique : la possession du sol, sa transmission héréditaire, sont les fondements les plus solides de la famille ; en frappant presque exclusivement le sol, l'impôt progressif détruit le revenu foncier, en l'absorbant au profit de l'Etat, il détourne le citoyen de la propriété de la terre et sape ainsi, dans leur consistance même, la famille et l'hérédité, qui gênent le développement complet de la démocratie. Elle arrive ainsi à faire de la richesse un fait individuel et passager, elle le réduit à son expression la plus accidentelle, la plus fugitive.

En politique, le suffrage universel est le fait démocratique par excellence, c'est l'exaltation de l'homme,
la prérogative maîtresse du citoyen, la base du gouvernement du peuple par le peuple. Chaque homme,
chaque génération n'ont-ils pas le droit incontestable de vivre sous le gouvernement de leur choix ?
Là est le dogme ! car la République seule se prête à
la manifestation mobile et spontanée de la volonté
des citoyens. Cette volonté peut tout, si ce n'est
substituer la Monarchie à la République. L'hérédité
monarchique engage plusieurs générations successives, en vertu d'un prétendu contrat, une fois con-
senti par l'une d'elles envers une race royale. Restaurer la Monarchie c'est donc une abdication et
une usurpation tout à la fois : une abdication de la
souveraineté pour la génération qui l'accepte, une
usurpation sur le droit des générations à venir,
auxquelles une génération disparue prétendrait
imposer un gouvernement qu'elles n'auraient pas
choisi.

La constitution des pouvoirs publics n'existe pas
dans une Démocratie pure ; leur organisation doit,
en principe, dépendre à tout instant de la volonté
des citoyens, et c'est en ce sens qu'on a pu dire
avec raison que la République était le provisoire
permanent. Cependant, la modalité constitution-

nelle admise jusqu'ici parmi nous est une assemblée unique élue par le suffrage universel. Expression de la souveraineté du peuple, ce pouvoir ne
connaît ni limites ni contrepoids; l'esprit ne conçoit
pas qu'il puisse en avoir ; tout est réuni en ses
mains, ses attributions sont pleines : il gouverne,
il administre, il juge, s'il lui plaît; les délégués
n'agissent que sous son contrôle permanent. Voilà
le type actuel du gouvernement républicain. Ce
n'en est pas le type unique; il peut un jour, par
suite du morcellement de la souveraineté, être
remplacé par le gouvernement de la Commune,
au sein de laquelle le peuple réglera lui-même et
directement ses affaires.

Voilà le plan en raccourci. Sera-t-il appliqué? n'en
doutez pas. Malgré une résistance à laquelle on devait s'attendre de la part d'un fait séculaire qui se
considérait comme l'institution fondamentale de la
société, l'antique superstition, l'antique morale disparaissent; comptez les suicides et les enterrements
civils. L'art est en désarroi, la tradition n'existe plus
et déjà de hardis pionniers s'affranchissent de toute
règle. L'Etat économique du monde, les chemins de
fer, la navigation à vapeur, la télégraphie électrique,
en supprimant avec les distances les nationalités,
sont pour nous. La situation respective des partis est

plus saisissante encore : nos ennemis sont divisés, et nous sommes unis. Ne croyez pas plus à un dissentiment parmi nous qu'à une modification quelconque de notre programme. Quelques vieux sectaires peuvent tenter de secouer le joug, mais leurs noms surannés ne disent plus rien aux masses, et ils n'ont pas la presse dans la main. Par dévouement pour l'idée commune, ils seront derrière moi le jour de la lutte, s'il y a lutte. En fait, la société politique est déjà convertie ou près de l'être. N'avez-vous pas vu des millionnaires voter la République ? ils sont compromis, et il suffit ; je ris de pitié à leurs réserves. Ils ont un nom, ils ont une fortune, ils ont une famille, et tout cela n'est pas républicain ; mais ils ont la passion d'être quelque chose, et ils ne peuvent être quelque chose que par moi ; je les ferai marcher, comme le négociant hollandais au Japon, sur le crucifix ; je leur ferai cracher sur leur nom, abandonner leurs biens, ruiner leurs enfants, et ils me remercieront, car ils seront sénateurs ou députés ! Je les connais : ceux qui m'accusaient autrefois de fureur et de folie recherchent mon patronage, et, tenez, plus que tout le reste, voilà qui me répond du succès !

C'est un devoir pour moi de répondre, dit le duc aussitôt. Tout ce qui vient d'être nié m'est sacré !

religion, royauté, famille, rien n'a été oublié, l'attaque a été complète ; jamais dans son ensemble, jamais dans ses détails, le plan de nos adversaires ne nous a été révélé avec tant de netteté. Voilà qui est parler, et l'on sait désormais à quoi s'en tenir. De la Religion j'ai une idée telle que je ne voudrais pas prononcer son nom. Ce n'est ni le lieu, ni l'occasion : elle est du ciel, et nous sommes de la terre. Qu'il me suffise de dire que si à travers les âges elle marque de son sceau immortel quelques hommes d'élite pour en faire des saints, c'est sans doute pour empêcher les générations humaines de prescrire, par l'oubli, contre les vérités éternelles qu'enseigne un livre divin ! à chacune de ces glorifications de l'humanité par la vertu, et il s'en trouve dans chaque siècle, les incrédules murmurent, les indifférents s'étonnent, les croyants s'agenouillent ; mais le fait providentiel s'accomplit, la terre est reliée au ciel ! j'observe seulement que la doctrine de ces saints se résume dans cette formule, comme on dit dans la langue d'aujourd'hui, aimez-vous les uns les autres ! et que cette formule on ne l'a remplacée à aucun point de vue par une formule équivalente.

A l'heure qu'il est, la religion pénètre encore cette société, tout indifférente, tout irréligieuse

qu'elle se vante d'être, de telle sorte que cette société serait effrayée d'elle-même, si tous les éléments religieux qu'elle porte à son insu dans son sein venaient à se retirer d'elle. La religion, Dieu merci, prend encore l'homme à sa naissance, l'instruit de ses devoirs pendant sa jeunesse et si, pour beaucoup, l'indifférence fait place à la foi pendant le cours de la vie, la religion se retrouve encore au chevet du mourant et murmure sur sa tombe comme un dernier espoir, comme une suprême consolation, les prières des morts. En tous cas, cette société a retenu de la religion la morale.

On se dit partisan de la morale indépendante, on se rend religieusement aux enterrements civils, c'est de mode dans un certain monde. A-t-on bien réfléchi à ce que l'on fait? je ne le pense pas. Le jour où un misérable tue votre père ou incendie votre maison, quel compte lui demandera la justice sociale de ces crimes, s'il répond que sa morale à lui lui permet le meurtre et lui conseille l'incendie? s'il ajoute qu'à lui, partisan de l'égalité, votre père a paru avoir des qualités éminentes qui blessaient ce sentiment démocratique, qu'il était las de l'entendre appeler le juste? s'il affirme que votre maison lui a paru trop haute pour celles qui l'entouraient et qu'il convenait de la détruire pour rétablir l'égalité démocratique, loi suprême de la société nouvelle? Admettez la morale indépendante, c'est-à-dire la faculté pour chacun de déterminer la règle qui doit légitimement fixer la valeur de ses actes (et la morale indépendante est cela, ou elle n'est rien), tout acte criminel sera précisément celui que la morale individuelle du coupable autorisera, et le juge social sera désarmé.

Non, il faut à la société, pour lui donner le droit de punir, droit terrible mais nécessaire, car sans lui elle ne pourrait subsister, une morale qui ne soit pas l'expression d'une opinion individuelle, vague et variable, mais une morale unique, précise, d'après laquelle la société apprécie les actes de tous sur des principes immuables et permanents.

En ce qui touche ses relations extérieures, la démocratie n'a pas encore fait de tous les peuples une seule nation; il faut donc tenir compte de l'état actuel du monde qui menace de durer longtemps encore, et prévoir, pour le moins, une époque de transition pendant laquelle les nationalités subsisteront.

Je n'insisterais pas sur le libre échange, si les termes absolus dans lesquels cette théorie économique a été produite ne me paraissaient un véritable danger pour le travail national. Je ne puis oublier, en effet, que les désastres qui nous ont éprouvés ont eu pour conséquence directe la création d'impôts nouveaux. Il en est résulté que, depuis les dernières guerres, les producteurs étrangers n'ont pas vu leur situation changer au point de vue des contributions publiques, et que les producteurs français ont vu, au contraire, les charges publiques qui pèsent sur eux devenir plus lourdes, en même temps que les lois sur l'organisation de l'armée modifiaient profondément les conditions du travail. En présence de ces faits, ne peut-on pas se demander si le libre échange absolu, tel qu'on l'entend, n'est pas en définitive une véritable protection accordée au producteur étranger contre le producteur national? Il y a donc à faire une réserve sur ce point. Mais une autre question me paraît plus intéressante encore. A une nation il faut une armée; c'est la condition même de son existence propre. Quelle armée aura-t-on avec les doctrines qui viennent d'être professées? quel en sera le principe? L'amour de la patrie? mais d'après ce qui a été dit, la patrie n'est plus qu'un fait éphémère et qui doit disparaître. La protection de la famille? mais l'organisation de la famille est à l'étude et l'objectif est d'en détruire les liens. La défense de la propriété? mais on affirme que la propriété est une institution regrettable, contre laquelle la démocratie doit tourner tous ses coups. Patrie, famille, propriété, voilà ce qui constituait la chose publique, la République telle que la comprenait l'antiquité, et voilà pourquoi les républiques antiques avaient des héros. Mais vous ne laissez qu'un nom sans rien derrière. Où trouvera-t-on un soldat pour le défendre, pour se faire tuer au besoin pour lui, surtout lorsque cette croyance qu'il n'y a rien au-delà de la vie aura envahi l'armée.

J'arrive à la théorie de la légitimité exclusive de la République comme gouvernement des peuples. J'admire, je l'avoue, l'audace avec laquelle on l'affirme. Sans doute, la politique n'a pas, comme la morale, des principes fixes et absolus ; elle admet, suivant les temps, suivant les peuples, des formes de gouvernement diverses, et si ces formes de gouvernement répondent également aux besoins des sociétés auxquelles elles s'appliquent, elles ont une valeur égale, quoiqu'elles soient essentiellement différentes. Qu'une nation modifie ou change son gouvernement pour le mettre en harmonie avec l'état social qui résulte de ses traditions et de ses mœurs, c'est la loi de l'humanité et celle de ses progrès ; aussi est-il étrange de voir établir, contrairement à tous les enseignements de l'histoire, contrairement à l'expérience des faits contemporains, sur un principe contestable, à titre de vérité éternelle, universelle, immuable, à titre de dogme, en un mot, une forme de gouvernement exclusive de toute autre. La théorie légitimiste appliquée à la Royauté n'est rien en comparaison de cette même théorie ainsi appliquée à la République. Sur quels fondements repose-t-elle dans l'espèce? chaque homme a le droit incontestable de vivre sous le gouvernement qu'il a choisi, nulle génération n'a le droit d'imposer aux générations suivantes une constitution politique que celles-ci n'ont pas acceptée; telles sont les deux prémisses du raisonnement.

La première suppose l'unanimité dans l'expression de la volonté du peuple; car, si cette unanimité ne se produit pas, il se trouvera des citoyens qui vivront sous un gouvernement qu'ils n'auront pas choisi, ce qui ne peut être admis dans le système que l'on propose et qui déclare que chacun a le droit incontestable de choisir le gouvernement sous lequel il veut vivre. Observez que ce droit est égal, dans son unité, au même droit possédé par un nombre quelconque de citoyens, qu'il n'augmente pas par l'addition, qu'il est plein et entier dans chacun, et il en résulte que si l'unanimité ne se produit pas, l'axiome tombe avec toutes ses conséquences, et l'on peut affirmer qu'en cette matière, pas plus qu'en toute autre, l'unanimité ne se produira pas.

Nulle génération, ajoute-t-on, n'a le droit d'imposer aux générations suivantes un gouvernement que celles-ci n'ont pas accepté. Cette proposition suppose que les générations sont des couches superposées les unes aux autres, comme les bancs de roches constitutifs d'un sol; que chacune d'elles forme un tout, ayant un commencement et une fin déterminés, et par conséquent saisissables. Il n'en est pas ainsi. C'est par la naissance successive des individus qui la composent qu'une génération se produit; c'est par la disparition successive des individus qui la composent qu'une génération s'éteint. Mais ces deux faits sont incessants et concomitants en sorte que dans l'espace d'un même temps, quelle que soit la durée de ce temps, un nombre considérable de générations coexistent. Ira-t-on consulter chaque homme au moment où il arrive à sa majorité politique sur le gouvernement qu'il préfère? c'est la seule manière de savoir sous quel gouvernement chaque génération veut vivre. Renversera-t-on le gouvernement que les générations antérieures, mais encore vivantes, auront établi, si ceux qui entrent dans la vie politique le répudient?

fera-t-on le contraire? quelque parti que l'on prenne, en cas de dissentiment, et le dissentiment est certain, n'y aura-t-il pas des générations qui vivront sous un gouvernement qui ne sera pas de leur choix? Ainsi ce nouvel axiome, qui peut séduire tout d'abord, est inapplicable. Est-ce à dire que nos pères ont vécu sous un gouvernement qui n'était pas de leur choix, et que les autres nations, quoiqu'elles ne soient pas en République, ont fait et font de même? Loin de moi une telle pensée. Je ne crains pas d'affirmer que l'absence de troubles, que l'absence de révolutions prouve plus le consentement des générations à une forme de gouvernement que le bulletin déposé par chaque citoyen dans l'urne électorale en faveur de telle ou telle formule gouvernementale; que l'adhésion tacite a ici plus de valeur que l'adhésion exprimée. En veut-on la preuve? Depuis plus de quatre-vingts ans, ce pays n'a cessé de voter; il a voté directement ou indirectement pour les institutions politiques les plus différentes, et il est probable, il est certain qu'aucune d'elles ne l'a satisfait, puisqu'il en a changé sans cesse. Nos pères ont vécu des siècles sous la monarchie sans avoir voté pour elle, et ne lui en sont pas moins restés fidèles pendant des siècles.

Je crois avoir répondu, en partie du moins, au

discours que vous venez d'entendre; mon respect pour la volonté royale m'interdit de dire quelle serait, avec le roi, la constitution politique du pays. Je ne saurais, d'après de fugitifs souvenirs, qu'en esquisser les grands traits. Unique dépositaire du principe de l'hérédité, qui est le fondement même de la Monarchie, le roi est l'incarnation de la nation dans son expression la plus haute, la plus élevée. On ne saurait, sans son intervention supérieure, régler les conditions de son gouvernement, conditions qu'il peut poser lui-même ou consentir, mais sans leur soumettre son droit inaltérable. Des conseils, dont l'un serait élu par le suffrage universel, peuvent entourer le trône, mais à la condition qu'ils ne puissent, en aucun cas, entamer l'autorité du roi. Pour cette nation en particulier, la Monarchie, par ses origines, son histoire, sa durée, semble un fait providentiel, et les évènements contemporains lui confirment ce caractère. La chute de la royauté, il y a quatre-vingts ans, a été le signal des révolutions, des guerres, des invasions qui ont accablé la patrie, et, dans ma conviction la plus profonde, le rétablissement de la Monarchie peut seul en conjurer le retour.

Le Parlementaire semblait écouter encore, bien que l'orateur eût fini. Notre hôte le pria d'exposer à son tour les principes de gouvernement que professait son parti. Il s'en défendit d'abord, mais, le Bonapartiste ayant insinué que certains politiques préféraient un silence prudent à une exposition franche de leurs doctrines, le parlementaire n'hésita plus et prit la parole.

Un philosophe disait qu'il ne discutait pas avec un homme qui niait l'immortalité de l'âme. M'emparant de cette pensée, je dirai que je n'ai aucun goût à discuter avec un adversaire qui nie la religion, veut transformer la famille et détruire la propriété. Ces faits sont, selon moi, hors de toute controverse, et je ne m'arrêterai pas à réfuter des sophismes dont la raison publique a fait justice depuis longtemps. L'impôt progressif mérite plus d'attention ; c'est le procédé financier dont la démocratie veut faire l'élément constitutif de ses budgets ; elle attend de son application la réalisation de ses vœux les plus chers. Ce n'est pas ici le lieu d'étudier l'impôt progressif avec tous les développements que comporte cette étude ; il suffit d'en rappeler la portée. Les taxes progressives attaquent le capital lui-même dont elles préviennent la formation ou dont elles détruisent les réserves accumulées ; par cette méthode l'impôt égale bien vite et absorbe le revenu ; il fait que le contribuable, au lieu de chercher l'aisance, a intérêt à être pauvre. En tarissant la source des revenus particuliers, il dessèche celle des revenus publics, l'impôt étend alors sur tous les citoyens un niveau de misère, et cette égalité n'est pas de celles qui engendrent l'ordre et la paix. — Je me borne à énoncer ces vérités incontestables, démontrées cent fois jusqu'à l'évidence. J'arrive à la politique.

En y regardant de près, les gouvernements des peuples peuvent se classer en deux catégories : ceux qui remettent à un homme, à une assemblée, le soin de gouverner sans responsabilité comme sans contrôle ; celui qui, par l'intervention constante de la volonté nationale dans la direction des affaires, réalise le gouvernement du pays par le pays. Un roi, dépositaire d'un droit supérieur au droit national, quelque tempérament que l'on veuille admettre pour éclairer sa volonté sans la limiter, c'est, dans son expression plus ou moins franche, la monarchie pure, agissant par son principe propre, en dehors de toute garantie pour les citoyens. L'application de la doctrine de la légitimité, quoi qu'on fasse, suppose un établissement politique établi sur ces données, et c'est pour cela que, partisans des libertés politiques, nous ne pouvons professer cette doctrine.

Un chef élu par le suffrage universel, entouré de

pouvoirs nécessairement subordonnés, car l'élection populaire, en se portant sur le nom de ce chef, lui donne une autorité supérieure à toute autre, c'est encore, sous une autre forme, une sorte de monarchie n'offrant pas aux citoyens plus de garanties que la royauté légitime. Un pouvoir qui n'est responsable que quand il provoque lui-même un vote sur sa propre responsabilité, une responsabilité qui ne peut s'exercer que par une révolution, ce sont là des conceptions constitutionnelles destructives de toute responsabilité effective. C'est l'omnipotence sans contrôle.

En cette matière, le temps, la forme ne font rien à l'affaire. Limiter la durée des pouvoirs n'est pas en changer la nature. Un gouvernement peut être despotique bien que temporaire. Un gouvernement peut être libéral en reposant sur le fondement de l'hérédité monarchique. Remettre l'autorité publique à un seul ou à une réunion d'hommes, est un fait qui n'implique en rien la valeur d'un établissement politique au point de vue de la liberté. Une constitution d'où naîtrait une succession régulière d'administrations despotiques, composées de plusieurs hommes et d'hommes différents, organise aussi bien le despotisme qu'une constitution abandonnant à un seul homme les mêmes pouvoirs. En supposant la même durée à ces deux constitutions si opposées quant à leur forme intrinsèque, leur résultat pratique sera le même :

Le respect des droits des citoyens, la liberté politique, autrement dit, ne tient donc ni à la durée, ni à la forme intrinsèque des gouvernements; il ne peut être que la conséquence d'institutions combinées en vue d'assurer l'exercice constant de ces mêmes droits.

L'expression politique qui se prête le moins à cette combinaison est une assemblée unique, élue par le suffrage universel, investie de tous les pouvoirs, omnipotente et irresponsable. La conséquence directe d'un établissement politique ainsi conçu est l'abdication de ses droits par chaque citoyen en faveur de son ou de ses représentants, et, par suite, l'abdication de la Nation en faveur de ses élus.

Sans doute cette abdication peut n'être et ne sera que temporaire, et une élection nouvelle pourra faire porter une certaine responsabilité sur chacun des membres de cette Assemblée en renouvelant ou en ne renouvelant pas son mandat, mais pendant la durée de cette Assemblée, et quelle que soit cette durée, les citoyens auront abdiqué entre ses mains tous leurs droits; et la Nation après cette abdication, n'étant plus suffisamment armée pour se défendre contre une force qu'elle aura elle-même constituée, la Nation sera sous le joug de quelques-uns. En fait, l'application de cette théorie a donné naissance à un régime sous lequel des crimes qu'aucun gouvernement individuel n'a connus, ont été commis.

Je ne parlerai pas du gouvernement de la commune par la commune. Il n'a été présenté que comme une hypothèse supposant le fractionnement de la souveraineté. Or, le fractionnement de la souveraineté, c'est la fin de la Patrie. Il suffit, je ne m'y arrête pas; je négligerai également ces constitutions de circonstance, conçues en dehors de tous les principes et dont la durée éphémère est en rapport avec la valeur.

Le but que se propose le gouvernement parlementaire est le gouvernement de la nation par la nation. Il s'atteint par la responsabilité ministérielle, par la monarchie constitutionnelle, par l'organisation de pouvoirs élus, par la liberté de la presse.

Quelle que soit la forme des gouvernements, il est nécessaire qu'il y ait à la tête des services publics des hommes désignés par leur aptitude et quelquefois par leur génie pour en procurer le fonctionnement : ces hommes ce sont les ministres. Investis des pouvoirs les plus étendus; ils sont soumis, quelles que soient leurs qualités, aux faiblesses de la nature humaine. Ils peuvent se tromper, et compromettre les graves intérêts qui leur sont confiés. Il est donc équitable et juste qu'ils soient responsables de leurs actes ; qu'ils descendent du pouvoir si les fautes qu'ils commettent, si les abus qu'ils tolèrent ont tourné contre eux, contre le système qu'ils représentent, le sentiment public. La responsabilité ministérielle ainsi entendue est l'élément constitutif du gouvernement de la nation par la nation. Mais elle n'existe qu'à deux conditions : d'abord que le jeu des institutions constitutionnelles permette de renverser un ministère sans faire une révolution, ensuite qu'aucune autorité supérieure ne puisse couvrir les fautes ou les crimes d'un favori.

L'ordre, et, à tout prendre, tout gouvernement régulier représente l'ordre pour la majorité des citoyens, est le premier besoin des peuples ; il est la condition de la sécurité du travail, et le travail est la grande fonction sociale. Il en résulte que si l'application du principe de la responsabilité ministérielle met en péril le gouvernement établi, la majorité des citoyens préférera subir les fautes et tolérer les abus, plutôt que de renverser le gouvernement, et que la succession de ces fautes, la perpétuité de ces abus pourront compromettre les intérêts et même l'existence de la nation.

C'est cette considération puisée dans l'observation du cœur humain, dans la connaissance de l'histoire, qui faisait dire à un homme d'Etat dont les leçons sont aujourd'hui trop oubliées : Pour que la responsabilité ministérielle soit réelle et efficace, il faut que l'irresponsabilité soit quelque part, dans un pouvoir permanent au-dessous duquel passent les orages sans qu'il puisse être atteint par la foudre.

Un pouvoir irresponsable, constant, est étranger à toute constitution républicaine. Admettez un établissement républicain fondé sur une assemblée unique ; sous ce régime, un homme représente un ensemble d'idées politiques ; porté au gouvernement par l'assemblée qui en a fait son chef, il la domine, et par elle la nation. Il en devient momentanément le véritable souverain, et comme ses attributions ne sont pas constitutionnellement définies, comme elles se confondent avec celles d'une assemblée omnipotente, il en devient momentanément le souverain omnipotent. La fragilité même de son pouvoir est la cause de sa durée et de son étendue ; il peut impunément commettre des fautes et tolérer des abus ; la crainte de le renverser retient l'assemblée solidarisée avec lui ; la terreur de l'inconnu qui suivrait sa chute soumet le pays à ses volontés, quelles que ses volontés puissent être, double sentiment qui lui assure une irresponsabilité absolue comme ses pouvoirs. L'histoire n'enseigne-t-elle pas que le gouvernement d'une assemblée unique tourne toujours au despotisme d'un homme, et souvent au despotisme le plus odieux.

Une constitution républicaine qui crée pour un temps un président responsable, ne permet pas, en fait, pendant la durée du pouvoir présidentiel, à la responsabilité ministérielle de s'exercer efficacement. Un président de république irresponsable, agissant par des ministres responsables, c'est la monarchie constitutionnelle moins l'hérédité, c'est-à-dire moins l'un de ses plus grands avantages.

Ce n'est pas tout : pour assurer l'exercice régulier de la théorie de la responsabilité ministérielle, il convient encore qu'aucun droit supérieur, qu'aucun droit égal ne puisse entrer en lutte avec le droit de la nation à se gouverner elle-même en choisissant elle-même ceux qu'elle veut mettre à la tête de ses affaires. Que l'on suppose un chef d'Etat dépositaire d'un principe qui en fait un pouvoir supérieur, dominant, reconnu tel par la Constitution politique du pays ; que cette situation, il la doive soit à une tradition séculaire qui assimile en quelque sorte en sa personne à une propriété la fonction royale, soit à une élection par le suffrage universel, origine d'une autorité suprême, peu importe ; dans l'une et dans l'autre hypothèse, le droit de choisir les ministres ou de les remercier est partagé entre le Prince et la Nation, s'il n'est pas confisqué contre elle, et le gouvernement parlementaire, c'est-à-dire le gouvernement de la nation par la nation a péri.

Un gouvernement de fait, faisant d'un prince qu'aucune tradition historique, qu'aucune élection populaire n'investit d'un droit propre, un fonctionnaire héréditaire et irresponsable, telle est la combinaison politique qui permet au droit national de s'exercer dans sa plénitude ; dans cette hypothèse, la nation ne trouve devant elle aucun obstacle pour renverser les ministres qui lui déplaisent. Elle peut les renverser sans redouter une révolution, sans tout troubler dans l'Etat. La répression des fautes, la suppression des abus est ainsi procurée par le jeu régulier et pacifique des institutions politiques ; c'est le gouvernement parlementaire. Seul, il réalise le gouvernement de la nation par la nation ; les autres n'en donnent que l'apparence. L'on ne saurait s'en étonner, car lo gouvernement parlementaire, au lieu de se placer en face des gouvernants pour assurer l'exercice de leurs pouvoirs, se place en face des gouvernés pour assurer l'exercice de leurs droits.

Les prérogatives d'un roi constitutionnel sont énumérées dans deux actes impérissables, car ils sont le résumé de la sagesse appliquée à la politique. La République leur a rendu hommage en empruntant leurs dispositions pour déterminer les attributions de son Président. La Monarchie constitutionnelle doit les reprendre comme son bien propre. J'ai déjà dit quel était l'attribut particulier de la fonction royale : j'ai dit que seule elle pouvait assurer le fonctionnement régulier de la responsabilité ministérielle, en écartant les craintes qu'inspire toute révolution à la majorité des citoyens ; j'ajoute qu'ainsi, plus que toute autre institution politique, la royauté constitutionnelle procure le gouvernement de la nation par la nation.

Cette action de la nation sur son gouvernement se manifeste d'abord par l'élection des deux Chambres, qui forment avec le roi le pouvoir législatif : ces deux Assemblées, par une sorte de suffrage à deux degrés, confient à des ministres l'administration des intérêts publics ; elles surveillent ces dépositaires du pouvoir avec un soin jaloux, toujours tenu en éveil par le contrôle que le pays exerce sans cesse sur ses élus. Ainsi l'exercice du droit de suffrage est pour la nation le moyen de diriger ses affaires, d'imposer le choix des hommes qui la gouvernent et qui la servent tout à la fois. Mais l'exercice du droit de suffrage est de sa nature intermittent, et il est de l'essence du gouvernement parlementaire que l'action de la nation sur son gouvernement soit constante. De là la nécessité de la liberté de la presse, qui chaque jour apprécie, discute, approuve ou condamne les actes des ministres, qui signale les fautes, dénonce les abus ; liberté précieuse, sans laquelle il n'en est pas d'autres, et qui, si elle s'égare, ne peut avoir pour juges que les citoyens eux-mêmes, car elle est le rempart de leurs droits, la sauvegarde de leurs intérêts.

Tels sont, dans leur ensemble, les éléments du gouvernement parlementaire, auquel mes amis et moi nous sommes restés invinciblement attachés. En théorie, nous le considérons comme supérieur à toute autre conception politique ; en fait, par la permanence de sa plus haute expression, la royauté : par les pacifiques évolutions auxquelles il se prête, il nous semble répondre seul aux besoins d'une société troublée depuis près d'un siècle et qui cherche encore sa voie. Nous y avons foi, comme on a foi dans la raison ; nous avons dans sa valeur une confiance telle qu'elle suffit, selon nous, à assurer le succès de la cause.

Mais, quelles que soient nos convictions, quel

que soit, à nos yeux, le mérite des principes politiques que nous professons, ils doivent s'incliner
devant un sentiment supérieur : l'amour de la Patrie.
Nous ne serions pas de notre parti, nous ne serions
pas dignes de nos chefs, s'il en était autrement.
C'est ce sentiment supérieur qui a inspiré, qui inspire notre conduite : dans une circonstance récente,
on a tenté de restaurer la monarchie légitime, et
beaucoup d'entre nous s'y seraient prêtés. Plus tard,
en présence d'un provisoire qui pouvait devenir un
danger, on a pensé que l'installation de la république
était nécessaire, et beaucoup d'entre nous ont voté
la République. Dans l'un et l'autre cas, nous avons
été prêts à faire, nous avons fait à la patrie le sacrifice
de nos convictions, ne les abandonnant pas, mais les
soumettant, en citoyens désintéressés, en honnêtes
gens, à l'intérêt suprême du salut de la France.

A peine le parlementaire eut-il cessé de parler,
que l'ancien ministre de l'Empereur ôta avec dignité
sa calotte et attendit. A quoi bon, dit-il, après un
moment de silence, des paroles quand les faits sont
si proches. Quelques mots suffiront. Le parti auquel
j'appartiens emprunte à la monarchie son principe,
l'hérédité de la couronne, et réalise les aspirations
de la démocratie ; il concilie le passé et l'avenir de la
nation ; un chef d'Etat élu par le suffrage de tous,

transmettant à ses héritiers sa couronne, c'est la monarchie.

C'est la vôtre, répliqua brusquement le légitimiste, la vôtre qui a démembré la patrie que la nôtre avait faite ! — C'est la monarchie renouvelée, reprit l'orateur en s'inclinant, étrangère au droit divin, appuyée sur le droit moderne. Porté au trône par la volonté exprimée et par conséquent incontestable du peuple, le chef de l'Etat en devient l'unique représentant. De là sa puissance, puissance qu'il reçoit dans sa plénitude, et dont il ne peut, sans manquer au contrat qui est son titre, abandonner une partie. Le gouvernement du prince ne saurait donc avoir pour organes que des fonctionnaires nommés directement par lui ou désignés par lui, comme investis de sa confiance, aux suffrages de tous.

— Mais c'est l'abdication du suffrage universel, la négation de sa liberté, c'est la démocratie jetée en litière à un gouvernement personnel, s'écria le démocrate ; ayez du moins la franchise de vos doctrines, ne couvrez pas d'un masque votre impudence.

Un geste prévint et empêcha l'intervention de notre hôte ; l'orateur continua : Ce régime est la seule conciliation possible entre la démocratie représentée par le suffrage universel, et l'application des principes nécessaires au gouvernement des peuples. Un empereur, héritier d'une gloire militaire incomparable, que des revers, anciens ou récents, ont couronné d'une auréole patriotique, car ces revers ont été plutôt des désastres nationaux que des malheurs dynastiques.....

— Mais ces désastres que vous voulez tourner à votre avantage, ce sont vos fautes, ce sont vos crimes qui les ont amenés, interrompit le parlementaire.

— Un empereur, poursuivit l'orateur avec sécheresse, gouvernant dans les intérêts exclusifs de la démocratie, que peut-on trouver de mieux ? Nos ennemis (je ne parle pas des parlementaires, avec lesquels nous n'avons rien de commun, mais des démocrates) ne veulent-ils pas réaliser le programme moins le nom et sous une dictature temporaire ? Ils échoueront. Il faut, pour assurer le triomphe de la démocratie, un pouvoir supérieur, héréditaire, appuyé tout à la fois sur la tradition, le suffrage universel et l'armée; sur les souvenirs, le droit et la force, promenant le niveau égalitaire sur toute la nation, complaisant à toutes les aspirations démocratiques, appliquant, s'il le juge convenable, l'impôt progressif, ne laissant debout face à face que le prince et le peuple ; mais rassurant en même temps les intérêts, écartant toute crainte de troubles et de révolutions, maintenant avec une inébranlable énergie l'ordre, qui n'est pas ce que l'on vient d'appeler le respect des droits des citoyens, mais bien le gouvernement de l'Empereur agissant dans l'omnipotence que la volonté exprimée du peuple lui a conférée.

— L'ordre, c'est pour vous, si besoin est, la transportation, la confiscation, et, en tous cas, la suppression des libertés publiques, s'écria le même interrupteur.

— Cette fois je dois répondre, reprit l'orateur. Il peut y avoir des malheurs individuels regrettables, mais le but suprême les explique et les excuse. Je le répète, tout doit être sacrifié à l'ordre, c'est-à-dire au maintien du gouvernement de l'Empereur, qui est de salut public. C'est une doctrine que mes plus fougueux adversaires ne contesteront pas, car ils l'ont appliquée au gouvernement de leur choix, et nous, du moins, nous sommes purs de sang dans son application !

— Hé quoi, s'écria le démocrate, n'avez-vous pas enivré l'armée pour lui faire assassiner les citoyens !

— Quant aux libertés publiques, continua l'ora-

teur sans s'interrompre, il faut choisir entre elles
et le suffrage universel. Nous avons choisi le suffrage universel. Du reste, l'ordre, tel que je l'ai
défini, est la condition même du succès de la démocratie. Seul il lui permet d'arriver à son but; en
veut-on un exemple? Le libre-échange est la théorie
économique de la démocratie, on nous l'a dit; qui
donc a pu le faire entrer dans le domaine des faits?
quel gouvernement aurait eu la force d'imposer au
pays un régime économique qui l'a couvert de
ruines, si ce n'est l'Empire? qui aurait osé abandonner une partie de l'indépendance nationale en
abdiquant pour le pays le droit de fixer à sa volonté
ses tarifs de douane, en engageant la nation par
des traités irrévocables envers l'étranger, si ce n'est
l'Empereur? Sur ce point, je défie toute réponse,
et j'ajoute que l'Empereur peut seul faire pour l'impôt progressif, pour les autres aspirations de la démocratie, ce que l'Empereur a fait et a seul pu faire
pour le libre-échange.

Par l'Empire, le suffrage universel est devenu
l'institution maîtresse de la nation; par l'Empire, le
libre-échange est devenu le régime économique du
pays, œuvres capitales sur lesquelles nul n'ose
mettre la main. En comparaison de ces deux grands
résultats, qu'ont fait, pour la démocratie, ceux qui

se prétendent ses chefs? rien. Ajouterai-je que nul n'a porté à l'antique religion les coups que l'Empire lui a portés, et n'était-ce pas là encore une concession aux sentiments démocratiques? Plus on affirme la République, plus les conservateurs nous viennent. Les radicaux, à quelques exceptions près, jugent de ce que l'on fera pour eux par ce que l'on a déjà fait. Eclairés par l'expérience, sans confiance dans ceux qui se mettent à leur tête, ils comprennent que l'Empire seul peut leur donner satisfaction, et ils nous viennent. A nous donc de renouer la chaîne des temps, de reprendre le pays là où une révolution déjà presque séculaire l'a laissé, pour donner à cette nation son gouvernement définitif. Nous ne manquerons pas à cette mission.

Ces derniers mots avaient exaspéré le démocrate; il avait frappé la table du poing et s'était levé de son siége, la colère lui ôtait la parole. Le duc semblait attristé et distrait. Le parlementaire répondit d'une voix claire et sonore.

Il est impossible, dit-il, d'afficher avec plus d'audace des principes contradictoires, pour établir sur une théorie spécieuse le despotisme d'un seul. Tout est à reprendre dans une pareille argumentation! Vous prétendez que l'Empire est une Monarchie héréditaire; mais c'est là une affirmation inconciliable

avec le principe électif dont vous faites le fondement
même du pouvoir impérial. En effet, l'Empereur
incarne en lui seul, selon vous, la représentation de
la nation, parce qu'il est l'élu de la majorité des
citoyens ; donc, il est nécessaire qu'à la mort de
chaque Empereur, l'Empereur nouveau soit élu,
car, sans cela, il ne représenterait plus rien. L'Empire n'est donc pas, ne peut donc pas être une Monarchie héréditaire, mais bien une succession de
règnes individuels, coupée par des interrègnes propices aux révolutions. Ce régime est-il de nature à
rassurer les intérêts qu'il entre dans votre plan de
ménager ? évidemment non. Vous avez parlé du
suffrage universel maintenu par l'Empire ! comment l'Empire l'a-t-il traité ? Il lui a refusé toute
liberté, ne lui accordant que le droit de ratifier les
choix antérieurement faits par le souverain parmi
les hommes investis de la confiance du Prince ! Les
élus du suffrage universel ne sont, selon vous, que
des fonctionnaires de l'Empereur, qu'un mode spé-
cial de nomination introduit dans ses conseils. Avec
une pareille doctrine, toute fonction élective découle
de l'Empereur lui-même, représentant unique de la
nation, et investi d'un pouvoir universel dont il ne
peut abandonner une partie quelconque sans manquer au contrat qui est son titre ; il n'y a plus de

contrôle possible des actes du pouvoir par des corps
élus, il n'y a plus de presse indépendante, mais une
seule presse gouvernementale. C'est, en réalité, le
despotisme sans limite joint à l'irresponsabilité absolue.

De cette omnipotence, comment prétendez-vous
user? rassurer les intérêts conservateurs et procurer en même temps la satisfaction des aspirations
démocratiques. Plus exactement endormir les premiers et flatter les secondes.

Les intérêts conservateurs, comment les avez-
vous traités dans le passé? Ils se rappellent que
c'est vous qui avez rétabli la confiscation des biens,
basée sur ce motif qu'il en restait assez à ceux que
vous dépouilliez; théorie qui, niant la propriété
privée, faisait l'Etat juge de la quotité de revenu
qu'il devait laisser à chaque citoyen, en même
temps qu'elle affirmait le droit de l'Etat de s'em-
parer du reste; ils se rappellent que vous avez compromis la richesse nationale, le travail comme la
fortune acquise, par le brusque changement de tout
le système économique sur lequel reposait, dans
toutes ses branches, la production nationale; ils se
rappellent les guerres inutiles ou funestes dans lesquelles le pays a perdu l'élite de sa jeunesse; ils se
rappellent ces masses ouvrières, réunies par vous

dans la capitale, employées à des travaux de luxe, et qui sont devenues, plus tard, l'armée de la plus redoutable insurrection. Croyez-vous, enfin, que vos caresses d'aujourd'hui à la démocratie soient de nature à rassurer les intérêts conservateurs?

Vous avez fait, dites-vous, les affaires de la démocratie? Je ne vous parlerai pas de vos violences contre elle, de vos transportations, de vos exils, de vos confiscations; je ne veux m'attacher qu'aux faits que vous avez signalés. Si l'Empire a fait le libre-échange, s'il a réagi contre les anciennes et traditionnelles croyances du pays, ce n'est pas en vue de donner satisfaction à la démocratie, mais parce qu'il a cru qu'il lui était avantageux d'agir ainsi; si, dans d'autres circonstances, il croit avantageux d'agir en sens inverse, il agira en sens inverse, avec l'irrésistible puissance dont vous parliez tout à l'heure. Le libre-échange a succédé, dans le programme de l'Empire, au blocus continental, les théories antireligieuses au rétablissement du culte par le Concordat, comme pour prouver, sans doute, qu'aucun retour n'est impossible quand une volonté unique, omnipotente, sans contrôle comme sans responsabilité, gouverne une nation. Ces faits sont indiscutables. Qui donc, à quelque parti qu'il appartienne, peut avoir confiance en vous?

Intérêts conservateurs, aspirations de la démocratie, que vous importe ! Au fond, la seule pensée, la seule préoccupation de votre parti, vous l'avez avoué, c'est le maintien du gouvernement de l'Empereur. Il est de salut public ! c'est tout dire. A ce but tout doit être sacrifié : Liberté, honneur, patrie ! On sait votre dédain pour la liberté, vous l'affichez. Si, du moins, votre despotisme sauvegardait l'honneur de nos armes, l'intégralité du territoire national ! Mais qu'avez-vous fait de la France ? Trois fois l'Empire a présidé aux destinées de la France, trois fois il a été la cause du démembrement de la patrie ; quel citoyen pourrait sans terreur le voir restaurer ! Quelle serait, pour la nation, la conséquence de cette dernière épreuve ? sa perte. La perdre, c'est là une mission, comme vous dites, à laquelle vous ne manquerez pas. Votre passé répond de votre avenir !

— Vous avez beau dire ; il n'y a que l'Empereur, interrompit, en se levant, le Bonapartiste.

— Il n'y a que la République, exclama le Démocrate.

— Il n'y a que le Roi, affirma le Duc avec accent.

— Il y a aussi la Patrie, dit simplement le Parlementaire.

Le mot n'est pas de vous ! lui cria-t-on de tous les côtés.

Il est de mon chef, et j'en ai fait ma devise, fut sa réponse.

Chacun prit congé. Je restai seul avec notre hôte. Je lui demandai son sentiment sur ce que nous venions d'entendre. Il me répondit sans hésiter :

Le représentant de la démocratie a exposé le plan de son parti avec une précision qui ne vous a pas échappé. Quoi que ses adversaires puissent en penser, ce n'est pas sa personne qui fait obstacle au succès de ses idées. Il a le physique de l'emploi, et c'est déjà quelque chose. J'ajoute qu'un pouvoir discrétionnaire, exercé dans des circonstances terribles, malgré des fautes et des insuccès indiscutables, donne toujours à celui qui en a été investi un grand prestige. Dans l'espèce, des faits particuliers contribuent à le grandir encore. Pour les uns, le Démocrate qui nous quitte passe pour avoir tout sacrifié à la République, aussi est-il naturellement le chef du parti républicain ; auprès de beaucoup, il passe pour n'avoir pas désespéré de la patrie alors que tout le monde en désespérait. La défense à outrance du territoire national après Metz et Sedan, défense que les gens sensés considéraient comme une folie, il l'a voulue, et si chacun a pu se rendre compte alors que c'était vouloir l'impossible, nul ne peut affirmer que cet homme ne l'ait pas voulu de bonne foi. De là un sentiment fondé sur la vanité nationale dont il peut aujourd'hui tirer grand avantage. J'en conclus que la personne n'est pas un obstacle au succès des idées, bien loin de là.

L'obstacle vient du parti lui-même, de sa constitution essentielle. Le parti républicain a dans le pays des antécédents qui le compromettent. Vous savez les excès et les crimes de la première République. On a prétendu que les uns et les autres étaient nécessaires pour détruire une société plusieurs fois séculaire à laquelle on voulait substituer un ordre de choses nouveau. Ce n'est pas mon opinion, mais c'est celle du parti républicain, qui, en prenant à son compte ces excès et ces crimes, s'est aliéné une grande partie de la nation. La République de 1848 a trop peu duré pour permettre d'apprécier ce qu'elle eût été; tout ce qu'il est juste d'en dire, c'est que le passé du parti triomphant, les doctrines de ceux qui le composaient, inquiétèrent la nation de telle sorte qu'il suffit d'un coup de main pour la renverser; qu'elle n'avait aucune racine dans le sol, qu'elle tomba au premier souffle, et que ce fut, il faut le dire, aux applaudissements de la majorité de la nation qu'elle tomba.

Aujourd'hui la situation est meilleure, sans être assurée. Le passé de la République pèse encore sur

elle ; beaucoup la redoutent, l'immense majorité
des citoyens ne croit pas à sa durée et la considère
comme un régime essentiellement provisoire et
éphémère. Peut-être parviendrait-on cependant à
triompher de ces deux sentiments, si la grande
masse du parti républicain n'alliait à ses principes
politiques des théories sociales absolument con-
traires à celles qui ont été considérées jusqu'ici
comme le fondement même de toute société civi-
lisée. Là est l'obstacle permanent au succès définitif
de la République. En s'attaquant à la propriété par
l'impôt progressif, à la famille par l'instruction obli-
gatoire et laïque, au sentiment religieux par ses
doctrines matérialistes, le parti républicain décou-
rage les adhésions et écarte le concours de ceux
sans lesquels il n'est pas d'établissement politique
durable ; il pousse la République à l'impossible et à
l'irréalisable. Les plus modérés, ceux qui voudraient
bien l'être, se défendent de professer de pareilles
doctrines, mais la masse républicaine les professe,
et il faut que les chefs y adhèrent sous peine de
perdre tout crédit. Sans doute, nulle entreprise
contre les fondements mêmes de la société humaine
ne peut avoir un succès durable, mais de grands
malheurs peuvent être la conséquence d'une telle
entreprise et la nation peut y périr.

Le représentant de la légitimité, vous vous le rappelez, a pris la parole après le représentant de la démocratie. Il est difficile de trouver entre deux hommes, entre deux partis, un contraste plus complet; mais, dans une société démocratique, quelle influence voulez-vous que puisse avoir un grand seigneur séparé par l'illustration de sa naissance, de ses alliances, par son éducation, par ses sentiments intimes aussi bien que par son genre de vie, de la masse du peuple aujourd'hui souveraine par la grâce du suffrage universel? Ces héritiers des grandes familles historiques, dont les générations se comptent par les services rendus à la Patrie, sont des forces sociales que les nations sagement constituées honorent et respectent comme leur gloire propre, dont elles se parent aux yeux de l'étranger, qu'elles proposent en exemple aux générations suivantes. Il n'en est plus ainsi parmi nous, et ce n'est pas là la conséquence la moins funeste de nos révolutions successives.

La démocratie, il est vrai, si dédaigneuse à l'apparence de la tradition, n'a pu se dégager du prestige de l'hérédité du nom. Elle a aussi sa noblesse: combien, dans ses rangs, ne doivent d'être quelque chose qu'à ce que leurs pères ont été! mais cette noblesse, à la source de laquelle on trouve souvent

le crime, presque toujours la spoliation, n'est admise que dans le parti, la conscience publique la
répudie. Dépouillés et vaincus, les gentilshommes
de vieille race se sont réfugiés dans un sentiment
dont ils ont fait une religion. Leur fidélité à la personne royale, à l'héritier légitime de la couronne,
quel que soit son sort, commande le respect de
tout ce qui n'est pas une brute. Quelques fautes
qu'ils aient commises, il y a là les éléments d'un
parti que le patriotisme, dans la grande acception
du mot, ne peut méconnaître, et qui compte,
quel que soit le petit nombre de ceux qui le composent. La calomnie s'est épuisée sur lui, mais il en
est revenu de plus loin. Il fut un temps où une révolution sanglante avait mis à mort le roi légitime
avec un grand nombre de ses partisans, où elle
avait exilé les autres et confisqué leurs biens, où
une ère de gloire due à une autre dynastie séparait
cette nation de la légitimité, et la légitimité est
revenue. Qui peut calculer les retours d'un peuple
aux abois, lassé des agitations révolutionnaires,
cherchant à l'abri d'un principe tutélaire et répara-
teur la sécurité et la paix ? Quand une race royale a
présidé à la formation d'une nation, quand, pendant des siècles, leurs fortunes ont été communes,
quels que soient les événements contemporains,

cette race nationale par excellence est un des éléments constitutifs du problème qui s'impose le jour où, chez cette nation, les révolutions prennent fin. Les fautes du passé, les fautes du présent, disparaissent en présence de ce phénomène séculaire qui semble lier l'existence de certains peuples à l'existence de certaines familles, et quel que soit le courant qui paraît les écarter, nul n'est autorisé à affirmer qu'un courant contraire n'amènera pas leur retour.

Il convient de rapprocher les républicains des bonapartistes, car, si les chefs des deux partis sont en hostilité, les deux armées ne demandent pas mieux que de s'entendre et de s'unir. Les républicains affirment franchement que le triomphe de la démocratie est leur but ; les bonapartistes ne peuvent plus parler de prospérité ni de gloire après les désastres qu'ils ont amenés sur le pays, mais ils se parent des services qu'ils disent avoir rendus à la démocratie et lui font de nouvelles promesses. Le procédé politique des uns et des autres, c'est le suffrage universel : par le suffrage universel, les uns et les autres, la République comme l'Empire, tendent à l'annulation politique des classes élevées et des classes intermédiaires de la société, c'est-à-dire à une révolution sociale. C'est pour cela que je

ne crois pas plus à la durée de l'Empire qu'à celle
de la République. Mais je n'en suis pas moins touché des périls que le suffrage universel, tel qu'il est
pratiqué chez nous, fait courir à cette nation. Elle
peut en périr. Non-seulement il semble bien difficile, pour ne pas dire impossible, de concilier le
suffrage universel avec un gouvernement de liberté,
mais encore il a privé cette nation des garanties les
plus précieuses. En veut-on un exemple ? un principe incontestable c'est que l'impôt doit être con-
senti par ceux qui l'acquittent; or, le suffrage universel étant donné, il en résulte que les pouvoirs
qui fixent le quantum des contributions publiques
peuvent toujours être en droit, et sont souvent en
fait, composés de citoyens qui votent l'impôt sans
le payer.

Mais, indépendamment de cet exemple, et d'autres
encore que l'on pourrait faire valoir, si l'on voulait
rechercher ce que le suffrage universel coûte à la
liberté, le suffrage universel méconnaît une des conditions essentielles de l'existence des peuples. Les
éléments constitutifs de toute nation sont : 1° un
territoire ayant des limites fixes, respectées de l'é-
tranger, soumis aux lois que promulgue un même
gouvernement; 2° une réunion d'hommes reliés par
la communauté de leur origine, de leur religion, de

leur histoire, de leur langue, de leurs intérêts; l'un
est la patrie, l'autre est le peuple. Toute conception
politique dans laquelle il n'est pas tenu compte de
ces deux termes de l'existence nationale, est une
constitution incomplète, vicieuse, qui doit périr
et qui peut entraîner dans sa chute la nation elle-
même. Le suffrage universel, tel qu'il est pratiqué
chez nous, mutile la nation; il donne tout au peuple,
rien à la patrie; et cependant la patrie c'est le sol
qui nourrit la nation, qui, en fin de compte, paye
l'impôt, qu'on ne démembre qu'à la condition de
démembrer la nation elle-même : ils ne font qu'un !
il est donc légitime que le sol soit représenté dans
les institutions politiques, et qui le représentera si
ce n'est ceux qui le possèdent? Là où la propriété
n'est pas représentée dans les conseils nationaux, a
dit un républicain, la nation est en révolution, et,
si cet état de choses dure, cette nation doit périr.

Cette combinaison de la représentation de la patrie
et de l'expression de la volonté du peuple, donne
d'elle-même des institutions politiques émanant de
l'élection, égales en autorité et en pouvoir et qui se
prêtent à la constitution du gouvernement parlementaire. Je n'ai rien à ajouter à ce qui a été dit le
concernant; seul, depuis quatre-vingts ans, le gouvernement parlementaire a donné à ce pays des

années de liberté, de sécurité et de paix. On sait que c'est seulement sous ce régime tutélaire qu'il peut les retrouver. Il n'est pas un citoyen qui ne pense que le rétablissement du gouvernement parlementaire est la seule solution raisonnable, sensée, des difficultés qui nous pressent; là est sa force et probablement son avenir.

L'heure avancée de la nuit nous sépara.

Voilà le récit de mon dîner; faites-en ce qu'il vous plaira.